BEI GRIN MACHT SICH IHR WISSEN BEZAHLT

- Wir veröffentlichen Ihre Hausarbeit, Bachelor- und Masterarbeit

- Ihr eigenes eBook und Buch - weltweit in allen wichtigen Shops

- Verdienen Sie an jedem Verkauf

Jetzt bei www.GRIN.com hochladen und kostenlos publizieren

Zürcher Lesetests und Salzburger Lese- und Rechtschreibtest. Ein Vergleich

Marleen Hinderer

Bibliografische Information der Deutschen Nationalbibliothek:

Die Deutsche Nationalbibliothek verzeichnet diese Publikation in der Deutschen Nationalbibliografie; detaillierte bibliografische Daten sind im Internet über http://dnb.d-nb.de abrufbar.

ISBN: 9783346625892
Dieses Buch ist auch als E-Book erhältlich.

© GRIN Publishing GmbH
Nymphenburger Straße 86
80636 München

Alle Rechte vorbehalten

Druck und Bindung: Books on Demand GmbH, Norderstedt Germany
Gedruckt auf säurefreiem Papier aus verantwortungsvollen Quellen

Das vorliegende Werk wurde sorgfältig erarbeitet. Dennoch übernehmen Autoren und Verlag für die Richtigkeit von Angaben, Hinweisen, Links und Ratschlägen sowie eventuelle Druckfehler keine Haftung.

Das Buch bei GRIN: https://www.grin.com/document/1190848

WISSENSCHAFTLICHE SEMINARARBEIT

Ein Vergleich des Zürcher Lesetests mit dem Salzburger Lese- und Rechtschreibtest

Marleen Hinderer

Inhaltsverzeichnis

1 Einleitung 1
2 Diagnoseverfahren 1
　2.1　Diagnose des Lesens 1
　2.2　Diagnose des Schreibens 2
3 Zürcher Lesetest 3
4 Salzburger Lese- und Rechtschreibtest 3
5 Vergleich 4
　5.1　Testaufbau 4
　　5.1.1　Zürcher Lesetest 4
　　5.1.2　Salzburger Lese- und Rechtschreibtest 4
　　5.1.3　Vergleich Testaufbau 5
　5.2　Testdurchführung 6
　　5.2.1　Zürcher Lesetest 6
　　5.2.2　Salzburger Lese- und Rechtschreibtest 6
　　5.2.3　Vergleich Testdurchführung 7
　5.3　Testauswertung 7
　　5.3.1　Zürcher Lesetest 7
　　5.3.2　Salzburger Lese- und Rechtschreibtest 8
　　5.3.3　Vergleich Testauswertung 8
　5.4　Objektivität, Reliabilität, Validität 9
　　5.4.1　Zürcher Lesetest 9
　　5.4.2　Salzburger Lese- und Rechtschreibtest 10
6 Konkrete Testdurchführung 10
7 Unterschiede 11
　7.1　SLRT: Erstellung eines Förderprogramms 11
　7.2　ZL: psycholinguistische Verlesungsanalyse im Textlesen 12
8 Fazit 12
Literaturverzeichnis 14
Anhang 15

Anmerkung der Redaktion: Anhänge wurden aus urheberrechtlichen Gründen entfernt.

1 Einleitung

Aufgrund der heute vorherrschenden Heterogenität, werden in den meisten Schulklassen Kinder mit Problemen beim Lesen und Schreiben vorzufinden sein. Um diese identifizieren und in den jeweiligen Bereichen fördern zu können, ist es mit Hilfe von Lese- und Rechtschreibtests möglich deren Fähigkeiten zu beurteilen. Die hier vorliegende Arbeit vergleicht zwei ebendieser Diagnoseverfahren miteinander: den Zürcher Lesetest und den Salzburger Lese- und Rechtschreibtest. Dabei wurde sich auf die Frage konzentriert, welches der beiden Diagnoseverfahren eine bessere Grundlage bietet, um darauf aufbauend differenzierte, auf die individuellen Defizite des Kindes abgestimmte Förderungsmaßnahmen der Lesefähigkeit auszuwählen. Zu Beginn der Arbeit wird jedoch zunächst auf Diagnoseverfahren im Allgemeinen eingegangen.

2 Diagnoseverfahren

Die Funktion der Diagnostik von Lese- und Rechtschreibfähigkeiten besteht darin, vergangene Leistungen zu erklären, gegenwärtige Lernprozesse zu steuern und zukünftige Leistungen zu prognostizieren (vgl. Lenhardt/Lenhardt, 2017, 174). Generell wird zwischen zwei unterschiedlichen Arten der Diagnostik unterschieden: zwischen der Status- und der Verlaufsdiagnostik (vgl. ebd., 175). Die Statusdiagnostik dient der Ermittlung des Ist-Stands der Leistung, um diejenigen Schüler zu identifizieren, welche zusätzliche Diagnostik und Förderung benötigen (vgl. ebd., 176). Die Verlaufsdiagnostik hingegen dokumentiert die Entwicklung von Leistungen, um frühzeitig auf problematische Verläufe reagieren zu können oder den Erfolg von Fördermaßnahmen zu überprüfen (vgl. ebd.). Ein weiterer Unterschied verschiedener Diagnoseverfahren ist das jeweils angelegte Bewertungskriterium. Zum Einen gibt es den interindividuellen Vergleich, bei welchem die diagnostizierte Leistung mit einer Bezugsgruppe verglichen wird (vgl. ebd., 179). Bei normierten Schulleistungstests handelt es sich bei dieser Bezugsgruppe um die Schüler*innen* der Normierungsstichprobe des jeweiligen Alters beziehungsweise der jeweiligen Schulstufe (vgl. ebd.). Zum Anderen gibt es den intraindividuellen Vergleich, bei welchem die Verbesserung der Leistung eines Schülers, in Hinblick auf dessen vergangene Leistungen, beobachtet wird (vgl. ebd., 180). Als Letztes kann der Bezug auf eine kriteriale Norm genannt werden, bei welchem die Leistung des Schülers anhand fester äußerer Kriterien beurteilt wird (vgl. ebd.).[1] Im Allgemeinen wird bei der Diagnostik von Lese- und Rechtschreibfähigkeiten zwischen der Diagnose des Lesens und der Diagnose des Schreibens unterschieden.

2.1 Diagnose des Lesens

Die Diagnostik des Lesens teilt sich ihrerseits in die Diagnose der Leseflüssigkeit und die Diagnose des Leseverständnisses auf. Das Aufgabenformat, mit welchem die Leseflüssigkeit diagnostiziert wird, ist zumeist das laute Vorlesen von Wortlisten, um die Rekodierfähigkeit des Schülers zu erfassen.[2] In der Auswertung ebendieser Aufgabe steht die

---

[1] Als Beispiel eines Kriteriums, kann die Anzahl der zu lesenden Wörter pro Minute genannt werden, welche erreicht werden muss, um von flüssigem Lesen reden zu können (vgl. Lenhardt/Lenhardt, 2017, 180).
[2] Bei der Rekodierfähigkeit handelt es sich um die Fähigkeit, Grapheme in die jeweils entsprechenden Phoneme zu übersetzen und diese anschließend zu Phonemfolgen zu rekonstruieren (vgl. ebd., 177).

Erfassung der Anzahl richtig gelesener Wörter im Vordergrund, wobei in den ersten beiden Schuljahren die Art der Lesefehler als Zusatzinformation herangezogen werden kann, um anhand dieser die Worterkennungsstrategie des Kindes zu analysieren (vgl. ebd.). Spätestens ab der dritten Klasse ist die Art der Fehler allerdings nicht mehr entscheidend, da die Leseflüssigkeit in diesem Stadium vor allem an der Lesegeschwindigkeit erkennbar ist (vgl. ebd., 181). Die Aufgabenformate, derer sich die Diagnose des Leseverständnisses bedient, sind vorrangig leises Lesen von Wortlisten (vgl. ebd.),[3] Lückentexte mit einer Anzahl angebotener Wörter pro Lücke, Satzbewertungstechniken (vgl. ebd., 182),[4] sowie geschlossene Single-Choice-Fragen zu einem zuvor gelesenen Text (vgl. ebd., 183). Bei der Diagnostik des Lesens können standardisierte und nicht standardisierte Lesetests angewandt werden. Vorteile der standardisierten Tests sind die sorgsame Aufgabenauswahl, die genaue Überprüfung derer psychometrischen Qualität und die Bereitstellung von Normen, anhand welcher der Leistungsstand des Kindes in Bezug auf Gleichaltrige beziehungsweise in Bezug auf Kinder derselben Klassenstufe eingeordnet werden kann (vgl. ebd., 184f). Als Nachteile können die hohen Kosten, sowie die geringe Passung des Materials mit den individuell thematisierten Unterrichtsinhalten genannt werden (vgl. ebd., 185).

2.2 Diagnose des Schreibens

Bei dem zweiten Bereich der Diagnostik von Lese- und Schreibfähigkeit handelt es sich um die Diagnose des Schreibens. Diese stellt eine große Herausforderung dar, da standardisierte Verfahren sich ausschließlich auf den hierarchisch niedrigen Prozess des Schreibens, die orthographischen Fähigkeiten, beziehen (vgl. ebd., 187). Die mental anspruchsvolleren Aspekte des Schreibenlernens, wie flüssiges Formulieren, Planen und Revidieren werden nicht in die Diagnose miteinbezogen (vgl. ebd.). Bezüglich der Orthographie unterscheiden die Diagnoseinstrumente des Schreibens zwischen verschiedenen Stufen der Schriftsprachentwicklung (vgl. ebd., 188). Bei der ersten Stufe handelt es sich um das Verständnis der Codierung von Wörtern durch abstrakte Zeichen, wobei das alphabetische Prinzip noch nicht beherrscht wird (vgl. ebd., 189).[5] Auf der nächsten Stufe wendet das Kind das alphabetische Prinzip an, es werden allerdings keine orthographischen Regeln befolgt (vgl. ebd.). Erreicht das Kind die dritte Stufe, kann es ebendiese Regeln anwenden (vgl. ebd.). Nach der Durchführung eines Diagnosetests ist es möglich, anhand der Fehler des Kindes festzustellen, auf welcher Stufe des Schriftspracherwerbs sich das Kind befindet, woraufhin gezielte Förderungen vorgenommen werden können (vgl. ebd.). Im Allgemeinen bestehen standardisierte Rechtschreibtests aus einem kleineren Spektrum an Aufgaben, als Lesetests. Oftmals werden Lückendiktate oder Diktate von Fließtexten verwendet, um die korrekte Anwendung orthographischer Regeln zu

---

[3] Das leise Lesen von Wortlisten kann konkret realisiert werden, indem eine Wortliste ähnlicher Wörter, wie beispielsweise „Girlande, Gitarre, Zigarre, Gelände" gelesen und eines davon dem danebenstehenden Bild zugewiesen werden muss (vgl. Lenhardt/Lenhardt, 2017, 181f).
[4] Bei Satzbewertungstechniken muss vom Schüler entschieden werden, ob die inhaltliche Aussage eines Satzes richtig oder falsch ist. Zum Beispiel ist der Satz „Am Abend geht die Sonne auf." inhaltlich nicht korrekt (vgl. ebd., 182).
[5] Das Beherrschen des alphabetischen Prinzips bezieht sich auf die Fähigkeit der Zuordnung von Phonemen zu Graphemen (vgl. ebd., 189).

überprüfen (vgl. ebd., 192). In seltenen Fällen werden den Kindern fehlerhaft geschriebene Texte vorgelegt, bei welchen sie die enthaltenen Fehler erkennen müssen (vgl. ebd.).

3 Zürcher Lesetest

Beim Zürcher Lesetest[6] handelt es sich um einen reinen Lesetest, welcher als Einstiegsdiagnose verwendet werden kann (vgl. Grissemann, Manual, 2000, 27). Das Ziel ebendiesen ist es nicht nur Fördermaßnahmen für Legastheniker aufzuzeigen, sondern generell den Leistungsstand von Kindern in Bezug auf ihre Leseflüssigkeit zu ermitteln, um Hinweise auf eine mögliche Förderbedürftigkeit zu liefern (vgl. ebd., 7. 27). Bei den Hinweisen handelt es sich jedoch um keine direkten, auf eine differenziert individuelle Förderung bezogenen; diese sind in Förderplanungen prozessorientierter Diagnoseverfahren enthalten (vgl. ebd., 27). Demnach kann der Zürcher Lesetest mit seinem diagnostizierten Leistungsbild als Ausgangspunkt für die Förderdiagnostik verwendet werden (vgl. ebd., 7). Entwickelt wurde der Test 1963 von Maria Linder, welcher anschließend 1967, 1973/4 und 1981 an Normalschülern im Umkreis von Zürich standardisiert wurde (vgl. ebd., 9). Die erste Standardisierung (1976) bezog sich auf Schüler der zweiten bis sechsten Klasse, deren Leistung am Ende des ersten Quartals (Ende Juni) gemessen wurde (vgl. ebd.). Diese einmalige Leistungsmessung erschwerte allerdings die Einstufung der Leseleistung, weswegen die zweite Standardisierung (1973/74) die Leistung von Zweit- und Drittklässler im ersten (Ende Juni), zweiten (Ende September) und vierten Quartal (Anfang März) diagnostizierte (vgl. ebd.). In diesen zwei Standardisierungen ist die Ursache zu finden, weswegen für die zweite und dritte Klasse drei Normtabellen vorzufinden sind, für die vierte und fünfte Klasse jeweils nur eine. Im Allgemeinen wurden die Standardisierungen an einzügigen Schulen mit gemischter Bevölkerung durchgeführt, wobei aus vollständigen Klassen jeder Schüler individuell geprüft worden ist (vgl. ebd.).

4 Salzburger Lese- und Rechtschreibtest

Beim Salzburger Lese- und Rechtschreibetest[7] handelt es sich um eine differenzierte Diagnostik von Schwächen beim Erlernen des Lesens und Schreibens von Schülern, die aufgrund unterdurchschnittlicher Leistungen bereits auffällig geworden sind (vgl. Landerl/Wimmer/Moser, Manual, 2006, 7). Das Ziel dieses Tests ist es demnach Schwächen im Lesen und Schreiben zu erfassen, wobei er vor allem für die Unterschiede im unteren Leistungsbereich zuverlässig ist (vgl. ebd., 11). Sein Schwerpunkt liegt in der separaten Erfassung verschiedener Teilfertigkeiten des Lesens und Schreibens, welche in einem späteren Teil der Arbeit genauer aufgegriffen werden (vgl. ebd., 9). Angewandt wird der SLRT vor allem in der diagnostischen Überprüfung von Lese- und Rechtschreibschwierigkeiten, wobei er ebenso der Erstellung spezifischer Fördermaßnahmen und der Überprüfung von Lernfortschritten dient, da er zwei Paralleltestversionen beinhaltet, durch welche eine Entwicklung des Schülers aufgezeigt werden kann (vgl. ebd., 11). Seinen Einsatz findet das Diagnoseverfahren bei Schülern der ersten bis vierten Schulstufe (vgl. ebd., 9), wobei er sich auf die Diagnose der Rekodierfähigkeit beschränkt und nicht weiter auf das Textverständnis der Kinder eingeht (vgl. Lenhardt/Lenhardt, 2017, 185).

---

[6] Im Folgenden wird der Zürcher Lesetest an einigen Stellen mit ZL abgekürzt.
[7] Im Folgenden wird der Salzburger Lese- und Rechtschreibetest an einigen Stellen mit SLRT abgekürzt.

Standardisiert wurde der Salzburger Lese- und Rechtschreibtest in Zusammenarbeit mit dem Schulpsychologischen Dienst des Landes Salzburg an über 2800 Kindern der Bundesländer Salzburg und Oberösterreich (vgl. Landerl/Wimmer/Moser, Manual, 2006, 47). Lenhardt und Lenhardt entsprechend, fanden ebenso Standardisierungen in Baden-Württemberg und Schleswig-Holstein statt (vgl. Lenhardt/Lenhardt, 2017, 185).

5 Vergleich

Bezüglich der allgemeinen Informationen zu Diagnoseverfahren, sind der Zürcher Lesetest, sowie der Salzburger Lese- und Rechtschreibtest bei einer standardisierten Statusdiagnose mit einem interindividuellen Vergleich einzuordnen. Anzumerken ist allerdings, dass beim SLRT, durch die beiden Parallelversionen des Tests, zusätzlich eine, wenn auch beschränkte, Verlaufsdiagnostik möglich ist. Beide Tests konzentrieren sich auf die Diagnose schwacher Schüler, bei welchen mögliche Förderungswege offengelegt werden sollen. Ein Unterschied der beiden Diagnoseverfahren ist in dem jeweiligen Anwendungszeitraum zu finden: der ZL ermöglicht ein Diagnose von der zweiten bis zur sechsten Klasse, der SLRT von der ersten bis zur vierten Klasse. Dabei ist der Zürcher Lesetest in der zweiten und dritten Klasse mit drei Normtabellen pro Schuljahr gestaffelt, ab der vierten mit nur noch einer einzigen (vgl. Grissemann, Manual, 2000, 29-39). Der Salzburger Lese- und Rechtschreibtest bietet für das Ende der ersten Klasse die erste Normtabelle an, anschließend zwei für die zweite Klasse und jeweils eine für die dritte und vierte Klasse (vgl. Landerl/Wimmer/Moser, Manual, 2006, 53-62).

5.1 Testaufbau

5.1.1 Zürcher Lesetest

Der Zürcher Lesetest besteht zum Einen aus einem Wortlesetest, welcher für die zweite und dritte Klasse ausschließlich kurze, höchstens zweisilbige Wörter enthält (vgl. Grissemann, Lesekarten, 2000). Ab der vierten Klasse kommen zu diesen eine Wortliste mit zusammengesetzten Wörtern hinzu. Zum Anderen enthält der Lesetest mehrere Texte, welche für die zweite und dritte Klasse sehr kurze, einfach gebaute Sätze enthalten (vgl. ebd.). Ab der vierten Klasse werden auch hier komplexere Texte mit kleinerer Schrift, zusammengesetzten Wörtern und verschachtelteren Sätzen verwendet (vgl. ebd.).

5.1.2 Salzburger Lese- und Rechtschreibtest

Wie zuvor erwähnt besteht der SLRT aus einem Lese- und einem Rechtschreibtest, welche wiederrum aus mehreren Subtests bestehen (Landerl/Wimmer/Moser, Manual, 2006, 9). Im Rahmen dieser Arbeit wird der Fokus auf den Lesetest gelegt, da dieser in direkten Vergleich zu dem Zürcher Lesetest gesetzt werden kann. Der enthaltene Lesetest unterscheidet zwischen zwei separaten Teilfertigkeiten des Lesens: zwischen der automatischen, direkten Worterkennung und dem synthetisch, lautierendem Lesen (vgl. ebd., 7). Schwächen beim synthetischen Lesen stehen bei jüngeren Kindern im Vordergrund, wohingegen bei den älteren die automatisierte direkte Worterkennung in den Fokus gerät (vgl. ebd., 9). Um Defizite beim lautierend synthetischen Lesen diagnostizieren zu können, werden Listen mit Pseudowörtern[8] verwendet. Dies ist der Fall, da bei

---

[8] Bei Pseudowörtern handelt es sich um Buchstabenfolgen, welche keinem existierenden Schriftwort entsprechen und deren Aussprache bei keinem existierenden Sprechwort zu finden ist. Ein Beispiel ist das

Pseudowörtern defizitäre Strategien des synthetischen Lesens am besten zu erkennen sind, denn bei Pseudowörtern muss die Aussprache zusammengelautet werden und es besteht nicht die Möglichkeit, wie bei schon bekannten Wörtern, gespeichertes Wissen abzurufen (vgl. ebd., 23). Umgesetzt wird dies in zwei Subtests, wobei der eine aus wortunähnlichen Pseudowörtern besteht, der andere aus wortähnlichen (vgl. ebd.). Da die wortähnlichen Pseudowörter den komplexen Lautstrukturen der deutschen Sprache ähnlicher sind, sind sie leichter zu lesen, als wortunähnliche Pseudowörter (vgl. ebd.). Im Gegensatz zu dem synthetischen Lesen, sind Schwächen bei der direkten, automatischen Worterkennung nicht so einfach zu diagnostizieren (vgl. ebd.). Der SLRT hat sich für den Weg entschieden, die Fähigkeiten der direkten Worterkennung anhand der Lesegenauigkeit und der Lesegeschwindigkeit beim lauten Lesen von kurzen Wörtern mit hoher Vorkommenshäufigkeit zu überprüfen (vgl. ebd., 24).[9] Der Grund dafür ist, dass häufig vorkommende Wörter schnell gelesen werden können sollten. Ist dies nicht der Fall, weist eine auffällig hohe Lesezeit auf Defizite im Prozess des direkten Lesens hin (vgl. ebd.). Ab der dritten Klasse wird, zusätzlich zu den häufigen Wörtern, ein Test mit zusammengesetzten Wörtern herangezogen, da bei flüssigem Lesen komplexer Wörter die Einzelwörter des zusammengesetzten Wortes direkt erkannt werden (vgl. ebd.). Das Textlesen wurde als Aufgabenformat gewählt, weil es eher einer natürlichen Lesesituation entspricht, als unzusammenhängende Wortabfolgen. Dazu kommt, dass Schwierigkeiten beim Lesen von Texten meist auf Defizite in der Worterkennung zurückzuführen sind (vgl. ebd.). Für Schüler der ersten und zweiten Schulstufe beinhaltet der SLRT einen kurzen Text mit wenig komplexen Wörter. Ab der dritten Schulstufe müssen sich die Schüler mit einem längeren, einige schwierige zusammengesetzte Wörter enthaltenden Text auseinandersetzen (vgl. ebd.). Der Rechtschreibtest des SLRT erfasst Defizite bei lautorientiertem und orthographischem Schreiben. Um zwischen den zwei Teilfähigkeiten zu differenzieren, enthält er bewusst Wörter, bei welchen die lautorientierte Schreibstrategie mit geringer Wahrscheinlichkeit zu einer orthographisch korrekten Schreibweise führt (vgl. ebd., 25).

5.1.3 Vergleich Testaufbau

In Bezug auf den Aufbau des Diagnoseverfahrens ist der zusätzlich enthaltene Rechtschreibtest des SLRT zu erwähnen. Dieser ermöglicht es, zusätzlich zur Ermittlung der Leseflüssigkeit, die orthographischen Fähigkeiten der Schüler zu beurteilen. Außerdem werden beim Salzburger Lese- und Rechtschreibtest die Aufgabenformate detailreich erläutert und deren Auswahl begründet, was beim Zürcher Lesetest nicht der Fall ist. Dies kann seinen Ursprung im Schwerpunkt des SLRT haben, eine *differenzierte* Diagnose der Teilfähigkeiten des Lesens und Schreibens zu bieten. Umgesetzt wird dieser Fokus durch Wortlisten mit Pseudowörtern und solchen mit kurzen, bekannten Wörtern, um das synthetische Lesen und die direkte Worterkennung getrennt voneinander zu untersuchen. Dem entgegengesetzt machen den größten Teil des Zürcher Lesetest, der auf Pseudowortlisten verzichtet, ganze Texte aus, von welchen Schüler jeder Klassenstufe drei lesen müssen – beim SLRT ist jeweils nur ein einziger enthalten. Daraus kann geschlossen werden,

---

Pseudowort „talire" (vgl. Landerl/Wimmer/Moser, 2006, 23).
[9] Ein Beispiel für ein kurzes Wort mit hoher Vorkommenshäufigkeit ist das Wort „Katze" (vgl. ebd., 24).

dass der Schwerpunkt des ZL auf der *Nähe zu einer natürlichen Lesesituation* liegt, welche durch das Lesen ganzer Texte stärker gegeben ist, als durch das Lesen von Wortlisten.

5.2 Testdurchführung

5.2.1 Zürcher Lesetest

Um eine intraindividuelle Einordnung der Diagnoseergebnisse zu ermöglichen, werden in den Protokollbogen die entsprechenden Zeugnisnoten des zu untersuchenden Schülers eingetragen, ebenso wie dessen schriftliche Deutscharbeiten durchgesehen werden sollten (vgl., Grissemann, Manual, 2000, 7). Darüber hinaus ist es empfehlenswert den IQ des Kindes, beispielsweise mit Hilfe des Hamburger-Wechsler-Intelligenztest für Kinder, zu ermitteln (vgl. ebd.). Bei der Durchführung des Lesetests ist es den Autoren des ZL wichtig mit dem Kind allein zu sein und ihm ein entspanntes Ankommen in der Situation zu ermöglichen, indem zum Beispiel ein Tierbuch angeschaut wird (vgl. ebd., 9). Handelt es sich bei dem zu diagnostizierenden Kind um einen Zweit- oder Drittklässler, werden die Wortlesetests eins und zwei, eventuell die Einzellaute und die Leseabschnitte eins, zwei und drei verwendet. Die Liste mit den Einzellauten wird nur herangezogen, wenn das Kind die einzelnen Lautzeichen noch nicht genügend unterscheiden kann, um die Wortlisten zu lesen (vgl. ebd., 10). Ab der vierten Klasse werden dem Kind die Wortlisten eins, zwei und drei, sowie die Leseabschnitte drei, vier und fünf vorgelegt (vgl. ebd., 9). Der Anspruch an die älteren Schüler steigt, im Vergleich zu den niedrigeren Klassenstufen, in Hinblick auf die Komplexität der enthaltenen Sätze, in Bezug auf den Wortschatz, welcher sich vergrößert und in Bezug auf die Schrift, die sich deutlich verkleinert (vgl. ebd., 10). Bei welcher Aufgabe der Lesetest begonnen wird, ist dem Testleiter überlassen (vgl. ebd., 9). Das nun ausgewählte Aufgabenkärtchen wird dem Kind vorgelegt, mit der Aufforderung, die enthaltenen Wörter, beziehungsweise Sätze der Reihe nach laut und deutlich, in der Geschwindigkeit, in der das Kind zu Hause oder in der Schule liest, vorzulesen und dabei möglichst wenig Fehler zu machen (vgl. ebd., 9f). Der Versuchsleiter notiert dabei Verzögerungen, Falschlesungen, Selbstkorrekturen und Wiederholungen auf dem Protokollblatt, ebenso wie die benötigte Zeit (vgl. ebd., 10).

5.2.2 Salzburger Lese- und Rechtschreibtest

Beim Lesetest des SLRT handelt es sich ebenfalls um eine individuelle Untersuchung des Kindes (vgl. Landerl/Wimmer/Moser, Manual, 2006, 9), welche man mit diesem allein in einem ruhigen Raum durchführen sollte (vgl. ebd., 29). Im Vorhinein ermittelt der Testleiter auch hier die Daten des Kindes (Alter, Name, Schule, Klasse), Informationen über seine allgemeine Intelligenz und über seine schulischen Leistungen (vgl. ebd., 28). Dies wird dem Test vorausgesetzt, da somit festgestellt werden kann, ob es sich bei den Lese- und Rechtschreibschwierigkeiten um ein spezifisches Defizit handelt oder ob generell Defizite in verschiedenen schulischen Bereichen vorhanden sind (vgl. ebd.). Um in kleiner Form eine Verlaufsdiagnose zu ermöglichen, enthält der SLRT zwei Paralleltestversionen A und B, von welchen sich der Testleiter eine auswählen kann (vgl. ebd., 27). Die Lesemappe beinhaltet jeweils ein Übungsblatt zum Wortlesen, häufige Wörter, zusammengesetzte Wörter, einen kurzen Text, einen langen Text, ein Übungsblatt zu Pseudowörtern, eine Liste mit wortunähnlichen Pseudowörtern, sowie eine mit wortähnlichen

Pseudowörtern (vgl. ebd.).[10] Bei der Anwendung des SLRT wird empfohlen nicht nur einzelne Subtests, sondern den gesamten Lesetest zu verwenden (vgl. ebd.). Wurde sich nun für ein Testformat in seinem Umfang entschieden, wird dem Kind am Anfang des Lesetests erklärt, dass es die Wörter und Texte „möglichst schnell und ohne Fehler vor[…]lesen [soll]" (ebd., 29). Um dies zu erleichtern sind vor einigen Subtests Übungsblätter eingefügt, welche mit dem Kind vor dem jeweiligen Test durchzugehen sind, damit es sich mit dem Aufgabenformat vertraut machen kann (vgl. ebd.). Während der Durchführung werden die Lesefehler neben den falsch gelesenen (Pseudo)Wörtern notiert, wobei selbst korrigierte Fehler protokolliert, nicht aber als Lesefehler gewertet werden (vgl. ebd., 28). Das Hauptkriterium der Beurteilung ist die Lesezeit, weswegen der Testleiter die Zeit möglichst genau stoppen und diese auf dem Protokollbogen unter jedem Subtest notiert sollte (vgl. ebd., 30).

5.2.3 Vergleich Testdurchführung
In den grundlegenden Elementen verlaufen die Durchführung des Salzburger Lesetests und die des Zürcher Lesetests ähnlich ab, ebenso wie sich beide Diagnoseverfahren an der Fehleranzahl und der Lesezeit als Kriterien der Beurteilung orientieren. Ein Unterschied ist in der Betonung des entspannten Ankommens des Kindes beim Zürcher Lesetest zu finden, welches beim SLRT nicht thematisiert wird. Außerdem kann beim ZL eine beliebige Reihenfolge der einzelnen Aufgaben gewählt werden, da jeder Subtest auf eine eigene Karte gedruckt ist. Beim Salzburger Lese- und Rechtschreibtest wird die Reihenfolge der einzelnen Subtests vorgegeben, indem diese als kleines Heft vorzufinden sind. Die Festlegung der Reihenfolge der Subtests des SLRT wird damit begründet, dass der Text bewusst zwischen die Wort- und Pseudowortlisten platziert wurde, um die beiden, einander ähnlichen Subtests der Wort- und Pseudowortlisten zeitlich voneinander abzugrenzen. Ein letzter Unterschied ist in den, ausschließlich beim SLRT enthaltenen, Übungsblättern zu finden, durch welche der Schüler das Aufgabenformat kennenlernen kann.

5.3 Testauswertung

5.3.1 Zürcher Lesetest
Wie vorhin angedeutet, notiert der Versuchsleiter die Lesezeit, sowie die Lesefehler auf dem Protokollbogenabschnitt des jeweiligen Subtests, wobei selbstkorrigierte Lesefehler des Kindes mit *korr.* gekennzeichnet und ebenfalls als Fehler gewertet werden (vgl. Grissemann, Manual, 2000, 10). Verzögerungen im Deutungsakt, welche mit „…" und „/" markiert werden, zählen nicht zu den Lesefehlern, ebenso wenig wie Wiederholungen eines ganzen Wortes beziehungsweise die eines Wortteils, bei welchen beides mal ein *W* notiert wird (vgl. ebd., 10f). Liest ein Kind *sp, st* oder *ng* als getrennte Buchstaben (z.B. s…pringen), wird auch das als Fehler gewertet (vgl. ebd., 11). Am Ende der Durchführung protokolliert der Versuchsleiter das Leseverhalten im Allgemeinen, indem er es als fließend oder ungleichmäßig, bei einzelnen Wörtern stockend, allzu rasch-flüchtig oder sorgfältig, buchstabenweise abtastend, vereinzelt oder häufig stockend bezeichnet (vgl.

---

[10] Von diesen Subtests werden die jeweils für die Klassenstufe vorgesehenen Wortlisten und Texte von dem Kind vorgelesen (siehe Kapitel 4.1.2.1 Lesetest).

ebd.) In der nun nachfolgenden Einstufung der Leseleistung wurde beim ZL auf die Errechnung eines Lesequotienten verzichtet, stattdessen geschieht die Einstufung durch einen Vergleich mit einer Leistungsnorm (vgl. ebd., 9). Zunächst aber wird bei jedem Abschnitt die jeweilige Lesezeit und Fehlerzahl eingetragen und anschließend die Summe der Wortlesetest und die der Texte ausgerechnet (vgl. ebd., 11). Eine Leistungseinstufung ist für die Fehlerzahl und Lesezeit jedes einzelnen Wortlesetests und Leseabschnitts zu finden, ebenso wie für die Fehlersumme und die Summe der Lesezeiten der Gesamtheit der Wortlesetests und die der Leseabschnitte (vgl. ebd.). Dabei sieht die Einstufung für die zweite und dritte Klasse folgendermaßen aus: über 75% stehen für gut und sehr gut, 51-75% für gut durchschnittlich, 26-50% für knapp durchschnittlich, 16-25% für leicht unterdurchschnittlich, 11-15% für ziemlich schwach, 6-10% für schwach, 1-5% für sehr schwach, unter 1% für extrem schwach (vgl. ebd.). Ab der vierten Klasse ist eine weniger differenzierte Einteilung vorzufinden: über 75% steht für gute Leseleistungen, 25-75% für mittlere Leistungen und unter 25% für unterdurchschnittliche und schwache Leseleistungen (vgl. ebd.).[11]

5.3.2 Salzburger Lese- und Rechtschreibtest
Bei der Auswertung des SLRT werden die jeweilige Lesezeit und Fehleranzahl auf dem Protokollabschnitt des zugehörigen Subtests eingetragen (vgl. Landerl/Wimmer/Moser, Manual, 2006, 31), wobei pro falsch gelesenem (Pseudo)Wort nur ein Lesefehler gewertet wird, selbst wenn dasselbe Wort mehrere Lesefehler enthält (vgl. ebd., 30). Auch Selbstkorrekturen werden hier nicht als Fehler gewertet, ebenso wenig wie die Verwechslung von harten und weichen Buchstaben, wie beispielsweise *b* und *p* oder *d* und *t*, da diese Verwechslungen im süddeutschen Sprachraum dem Dialekt entspringen (vgl. ebd.). Die bei der anschließenden Leistungseinordnung verwendeten Normtabellen, ermöglichen den Vergleich der Leseleistung des getesteten Kindes mit Gleichaltrigen der Normierungsstichprobe (vgl. ebd., 31). Da bei den Subtests generell wenig Lesefehler gemacht werden, bietet der SLRT keine detaillierte Umrechnung der Fehlerzahl in Prozentränge an, sondern einen jeweiligen kritischen Fehlerwert, welcher dem Prozentrang zehn entspricht (vgl. ebd.). Von einer auffälligen Leseungenauigkeit wird nur gesprochen, wenn die Fehlerzahl des diagnostizierten Schülers unter den kritischen Wert fällt. Das Hauptkriterium der Bewertung der Leseleistung ist die Lesezeit. Bei dieser ist für jeden Subtest ein entsprechender Prozentrangplatz zu finden, welcher zeigt wie viel Prozent der gleichaltrigen Kinder der Normierungsstichprobe schlechtere Leistungen erzielt haben, als das getestete Kind (vgl. ebd.). Mit Hilfe der Auswertung der einzelnen Subtests kann erkannt werden welche Teilbereiche des Lesens bei dem Schüler besonders beeinträchtig und welche gut entwickelt sind (vgl. ebd., 38). Anhand dieser Erkenntnis ist es möglich ein Förderprogramm zu entwickelt, welches auf die Stärken und Schwächen des Kindes abgestimmt ist (vgl. ebd.).

5.3.3 Vergleich Testauswertung
Die Parallelen des Zürcher und Salzburger Lesetests liegen, bezüglich deren Testauswertung, im Vergleich der zu diagnostizierenden Leistung mit einer Leistungsnorm, ebenso

---

[11] Die Normtabelle für das erste Quartal der zweiten Klasse und die der vierten Klasse sind in Anhang sieben bis zehn zu finden, anhand welcher der soeben dargestellte Sachverhalt deutlich wird.

wie in den beides mal herangezogenen Kriterien der Lesezeit und der Lesefehler. Eine Differenz der beiden Diagnoseverfahren ist in der jeweiligen Auffassung von Fehlern zu finden. Beispielsweise werden selbstkorrigierte Lesefehler des Schülers beim ZL als Fehler, beim SLRT nicht als Fehler gewertet. Darüberhinaus zählt der Salzburger Lese- und Rechtschreibtest pro falsch gelesenem Wort nur einen einzigen Fehler, selbst wenn in diesem mehrere Lesefehler vorliegen. Der Zürcher Lesetest wertet dem entgegengesetzt jeden Fehler als einen Fehler, selbst wenn diese sich im selben Wort befinden. Außerdem zählt der ZL das getrennte Aussprechen von *st*, *sp* und *ng* zu den Fehlern und der SLRT sieht im süddeutschen Raum über die Verwechslung harter und weicher Buchstaben, wie zum Beispiel *t* und *d* hinweg. Diesen Kriterien eines Fehlers entsprechend kann die Behauptung aufgestellt werden, der ZL besitze eine strengere Auffassung davon, was als Fehler gewertet werden solle, als der SLRT. Ein weiterer Unterschied der beiden Verfahren besteht im Aufbau der jeweiligen Normtabellen. Beim ZL sind Normen zu den einzelnen Subtests, sowie zu der Summe der Wortlisten und der Summe der Texte vorzufinden. Der SLRT bietet im Kontrast dazu ausschließlich Normen für die einzelnen Subtests an, es wird keine Summe mehrerer Tests berechnet. Dies ist mit der Ausrichtung des Salzburger Lesetest zu erklären, ihren Fokus auf die Differenzierung einzelner Teilfertigkeiten zu richten, weswegen die Ergebnisse des jeweiligen Subtests im Zentrum stehen, nicht aber die Summe ebendieser. Außerdem arbeiten die Normtabellen des Zürcher Lesetests mit Prozenträngen bei der Lesezeit *und* bei der Fehlerzahl. Der SLRT hebt ausschließlich die Prozenträngen der Lesezeit hervor, da diese das Hauptkriterium der Beurteilung ausmacht. Bei der Fehlerzahl verwendet der Test einen kritischen Wert, unter welchen die Fehlerzahl nicht sinken sollte, wenn sie als ungefährlich gelten soll. Bezüglich der unterschiedlichen Verwendung von Prozenträngen kommen beim ZL die weniger differenzierten Prozenträngen ab der vierten Klasse hinzu, welche beim SLRT auch in den höheren Klassen in Detail differenziert verwendet werden.

5.4 Objektivität, Reliabilität, Validität

Objektivität, Reliabilität und Validität sind Eigenschaften, auf die sich standardisierte Testverfahren beziehen, um die eigene Zuverlässigkeit hervorzuheben. In diesem Zusammenhang meint Objektivität die Unabhängigkeit vom Testdurchführenden, Reliabilität bezieht sich auf die Freiheit von Messfehlern und Validität steht für die Messung der *gewünschten* Fähigkeit (vgl. Lenhardt/Lenhardt, 2017, 179). Da der Zürcher und Salzburger Lesetest in Bezug auf diese Eigenschaften sehr ähnlich argumentieren, wurde sich gegen einen Vergleich dieses Unterkapitels entschieden und die beiden Tests werden ausschließlich getrennt voneinander beleuchtet.

5.4.1 Zürcher Lesetest

Der Zürcher Lesetest betont durch seine Überschriften der Anleitung für Testleiter die Objektivität des Diagnoseverfahrens. So wird beim Abschnitt zur Durchführung die Durchführungsobjektivität genannt (vgl. Grissemann, Manual, 2000, 7), beim Abschnitt zur Auswertung die Auswertungsobjektivität (vgl. ebd., 10) und beim Abschnitt zur Leistungsbewertung die Normobjektivität (vgl. ebd., 9). Der Reliabilität wird ein eigenes Kapitel zugeschrieben, wobei die Überprüfung der Verlässlichkeit des ZL 1979 an einer zweiten und einer dritten Klasse nach der Methode der Rangreihenkorrelation von

Spearman erwähnt wird (vgl. ebd., 11). Dabei wurde die Lesezeit als Gesamtzeit beim Wortlesetest und beim Leseabschnitt überprüft, sowie die Gesamtfehlerzahl des Wortlesetests und des Leseabschnitts, zusätzlich zu der Gesamtleistung des Schülers (vgl. ebd., 11f). Das Ergebnis waren die Verlässlichkeit der Zeitmessung und die der Gesamtleistung (vgl. ebd., 12). Bei den Lesefehlern wurde eine niedrige Genauigkeit festgestellt, da im oberen Leistungsbereich die Ergebnisse bei geringer Fehlerschwankung stark voneinander abweichen können (vgl. ebd.). Als Fazit kann aus den Ergebnissen der Überprüfung die Verlässlichkeit des ZL als Messinstrument zur Erfassung leseschwacher Schüler gezogen werden, welcher allerdings bei lesestarken Schülern keine hohe Genauigkeit der Lesefähigkeit zu bieten hat (vgl. ebd.).

5.4.2 Salzburger Lese- und Rechtschreibtest

Der Salzburger Lese- und Rechtschreibtest begründet seine Objektivität mit genau festgelegten Instruktionen und einer genau vorgegebenen Durchführung des Tests, sowie einer objektiv anwendbaren Auswertung der Lesefehler und der Lesezeit (vgl. Landerl/Wimmer/Moser, Manual, 2006, 49). In Bezug auf seine Reliabilität verweist der SLRT auf einen, die Lesezeit betreffend, sehr hohen Reliabilitätskoeffizient, wobei derselbige für die Lesefehler deutlich niedriger ist (vgl. ebd.). Begründet wird dies mit einem generell seltenen Auftreten von Lesefehlern, weswegen deren Varianzen sehr niedrig sind. Aufgrund dieses Ergebnisses hat sich der SLRT für die Lesezeit als zentrales Kriterium der Beurteilung entschieden (vgl. ebd.).

6 Konkrete Testdurchführung

Um die beiden Diagnoseverfahren anhand konkreter Beispiele miteinander vergleichen zu können, führte die Autorin dieser Arbeit beide Lesetests mit einem 10-jährigen Viertklässler und einer bald 8-jährigen Zweitklässlerin durch (siehe Anhang 3, 4, 5 und 6). Der diagnostizierte Viertklässler ist bei den lesestarken Kindern einzuordnen, da er sich bei vier von fünf Subtests des Salzburger Lese- und Rechtschreibtest zwischen dem Prozentrang *81 bis 90* und *über 90* befand. Aufgrund seines höchsten Prozentrangs *über 75* teilte der Zürcher Lesetest diesen Schüler, bezogen auf dessen Lesegeschwindigkeit, bei ebendiesem Prozentrang ein. Im Hinblick auf lesestarke Schüler ist die stärkere Differenzierung des oberen Leistungsbereich beim SLRT als ein Vorteil gegenüber dem ZL zu erwähnen. Allerdings erheben beide Diagnoseverfahren den Anspruch leseschwache Schüler zu identifizieren, nicht aber die lesestarken. Eine weitere Auffälligkeit ist die hohe Fehlerzahl beim Zürcher Lesetest, welche sich durch das Miteinbeziehen von selbstkorrigierten Lesefehlern begründen lässt. Der ZL ordnet den getesteten Schüler, bezogen auf seine Fehleranzahl, im unteren Bereich des Prozentrangs *25 bis 75* ein, was im Kontrast zu dessen hervorragenden Lesezeiten steht. Hinzukommt, dass ebendieser Schüler bei der Auswertung des SLRT deutlich unter den kritischen Fehlerwerten liegt. Diese Beobachtung unterstützt die vorherige Behauptung der Zürcher Lesetest besitze, die Wertung eines Fehlers betreffend, eine strengere Auffassung, als der Salzburger Lese- und Rechtschreibtest (siehe 4.3.3 Vergleich Testauswertung). Die Lesezeiten der Zweitklässlerin wurde anhand des Zürcher Lesetests im gut durchschnittlichen Prozentrang *51 bis 75* eingeordnet. Im Hinblick auf ihre Lesefehler befindet sie sich jedoch im leicht bis stark unterdurchschnittlichen Bereich der Prozentränge *16 bis 25* und *6 bis 10*. Dies kam unter anderem durch das Miteinbeziehen der selbstkorrigierten Fehler zustande, wodurch ihre Prozentränge sich von *26 bis 50* auf *16 bis 26* und von *16 bis 25* auf *6 bis 10* verschlechterten. Der SLRT wies ihrer Lesezeit der *häufigen Wörter* den gut durchschnittlichen Prozentrang *71 bis 80* zu, wobei sich hier und bei den wortunähnlichen Pseudowörtern ihre Fehlerzahl dem kritischen Wert stark annähert.[12] In Bezug auf Pseudowörter befinden sich ihre Lesefähigkeiten eher im leicht bis knapp unterdurchschnittlichen Bereich, da bei den wortähnlichen Pseudowörter der Prozentrang *21 bis* 30 erreicht wurde und bei den wortunähnlichen der Rang *31 bis* 40. Aus diesem Ergebnis lässt sich seitens der Zweitklässlerin eine durchschnittlich ausgebaute Fähigkeit der direkten, automatischen Worterkennung schließen, wohingegen eine defizitäre Strategie des synthetischen Lesens vermutet werden kann. Diese differenzierte Diagnose ist nur mit Hilfe des Salzburger Lesetests möglich.

7 Unterschiede

Nachdem nun die beiden Lesetests in ihrem oftmals parallel verlaufenden Aufbau, ihrer Durchführung und Auswertung verglichen wurden, wird nun auf Bereiche ebendieser eingegangen, welche in dem jeweils anderen Diagnoseverfahren nicht vorzufinden sind.

7.1 SLRT: Erstellung eines Förderprogramms

Eine Besonderheit des SLRT besteht in seiner Möglichkeit ein, auf die spezifischen Schwierigkeiten des Kindes abgestimmtes, Förderprogramm zu erstellen, da er eine differenzierte Diagnose unterschiedlicher Teilkompetenzen des Lesens und Schreibens liefert. In Anschluss an die Diagnoseergebnisse soll der Schüler diejenigen Teilkompetenzen trainieren, welche nur defizitär beherrscht werden (vgl. ebd., 43). Dies ist aufgrund der Notwendigkeit beide Teilkompetenzen zu beherrschen, um von kompetentem Lesen und Schreiben sprechen zu können, empfehlenswert, weswegen ein Zurückziehen auf eine Strategie nicht zielführend ist (vgl. ebd.). Der Salzburger Lesetest unterscheidet demnach Fördermaßnahmen bei Defiziten des synthetischen Lesens und solche bei Defiziten der automatischen, direkten Worterkennung. Schwerpunkte des Förderprogramms zum synthetischen Lesen bilden Übungen zur Lautanalyse, systematisches Üben der Buchstaben-Lautbeziehungen und Übungen zum Zusammenlauten (vgl. ebd.). Da bei Defiziten der direkten Worterkennung eine niedrige Lesegeschwindigkeit das zentrale Symptom bildet, sollten Fördermaßnahmen hierbei auf die Erhöhung ebendieser abzielen (vgl. ebd., 44). Dies geschieht durch Übungen in der Wortanalyse, Übungen zur Erhöhung der Worterkennungsgeschwindigkeit und Erhöhung der Leseflüssigkeit (vgl. ebd.). Nachdem der SLRT die jeweils nötigen Übungsfelder aufgezeigt hat, verweist er anschließend auf Werke, in welchen Übungen zu den jeweils passenden Themengebieten zu finden sind (vgl. ebd. 43-45).

---

[12] Bei den *häufigen Wörtern* beträgt der kritische Wert *vier*, wobei die Zweitklässlerin eine Fehlerzahl von drei erreichte. Die *wortunähnlichen Pseudowörter* besitzen eine kritische Fehlerschwelle von *sieben*, weswegen sich die getestete Schülerin mit ihren sechs beobachteten Lesefehler nur knapp unter dieser befindet.

7.2 ZL: psycholinguistische Verlesungsanalyse im Textlesen

Eine ausschließlich beim Zürcher Lesetest auftretende Zusatzanalyse ist die psycholinguistische Verlesungsanalyse im Textlesen. Dabei werden ein oder zwei Textabschnitte des durchgeführten ZLs zusätzlich mit vorgegebenen Instrumenten linguistisch analysiert (vgl. Grissemann, Manual, 2000, 20). Dieses Zusatzverfahren ist hilfreich bei therapiebegleitenden Prozessdiagnosen (vgl. ebd., 18), da es durch sein Aufzeigen nötigen Auf- und Abbaus einzelner Fördermaßnahmen zur Therapiekontrolle geeignet ist (vgl. ebd., 20). Die Fehleranalyse unterscheidet zwischen der phänomenologischen Analyse, welche die Gestaltveränderung betrifft, und der Prozessanalyse. Die phänomenologische Analyse untersucht zum Einen den Graphembereich nach Auslassung von Graphemen, Zufügen von diesen, Verwechslung gestaltähnlicher Grapheme und Ersetzung durch gestaltunähnliche Grapheme (vgl. ebd., 18). Zum Anderen werden den Graphembereich übersteigende Gestaltveränderungen, wie die Teilerfassung von Graphemgruppen mit graphemübergreifender Abweichung oder größeren Abweichungen beobachtet (vgl. ebd.). Die Prozessanalyse durchleuchtet den gelesene Text nach dialektischen Einflüssen, grammatischen Verstößen, grammatischer Konsequenz, grammatisch akzeptabler Verlesung, semantisch negativer Verlesung, semantisch positiver Verlesung, korrigierter semantischer Verlesung, korrigierter grammatisch-syntaktischer Verlesung, Lesezusammenbruch, Leseflussstörungen am Wort und solchen im Satz (vgl. ebd., 18f).[13] Die Auswertung der psycholinguistischen Verlesungsanalyse orientiert sich an Häufungen der jeweiligen Fehlerkategorien, wobei sie in ihrer anschließend empfohlenen Förderung zwischen der Förderung des semantischen Lesebereichs, der des grammatisch-syntaktischen Bereichs, der des Wortschatzes und der der Speicherung von Wortbildern unterscheidet (vgl. ebd., 20). Ein Nachteil dieser Analyse ist das ausschließliche Aufzeigen des zu fördernden Bereichs, nicht aber das konkreter Fördermaßnahmen. Ebenso wenig wird auf weiterführende Literatur passender Übungen verwiesen.

8 Fazit

Sich zurückbesinnend auf die Ausgangsfrage der Arbeit, welches der beiden Diagnoseverfahren eine bessere Grundlage biete, um darauf aufbauend differenzierte, auf die individuellen Defizite des Kindes abgestimmte Förderungsmaßnahmen der Lesefähigkeit auszuwählen, kann eine Bevorzugung des Salzburger Lese- und Rechtschreibtests festgestellt werden. Dies ist der Fall, da der SLRT durch seine Subtests eine differenzierte Beurteilung der direkten Worterkennung und des synthetischen Lesens bietet. Darüber hinaus beinhaltet er Vorschläge für jeweilige Förderungsmaßnahmen, ebenso wie er auf Literatur mit passenden Übungen verweist. Der ZL hat durch psycholinguistische Fehleranalyse ebenfalls die Erstellung eines individuellen Förderprogramms vorzuweisen. Allerdings handelt es sich bei dieser Analyse um ein sehr komplexes Verfahren, welches zusätzlich zu dem enthaltenen Lesetest durchgeführt werden muss und sehr zeitaufwändig ist. Außerdem enthalten die darauffolgenden Vorschläge für Fördermaßnahmen keine direkten Übungen oder Verweise auf ebendiese. Anzumerken ist an dieser Stelle, dass

---

[13] Aufgrund des begrenzten Rahmens dieser Arbeit, kann auf diese komplexe Analyse nicht weiter eingegangen werden. Konkrete Beispiele und weitere Ausführungen der enthaltenen Kriterien sind auf den Seiten 18 und 19 des Manuals zum Zürcher Lesetests zu finden.

Lenhardt und Lenhardt die Meinung vertreten, die Art der Lesefehler gebe nur bis zur zweiten Klasse Informationen darüber, welche Worterkennungsstrategie das Kind verwendet (vgl. Lenhardt/Lenhardt, 2017, 181). Ab der dritten Klasse sei die Leseflüssigkeit vor allem an der Lesegeschwindigkeit erkennbar (vgl. ebd.). Beachtet man diesen Sachverhalt, beziehen sich die Vorzüge des SLRT vor allem auf die erste und zweite Klasse.

Literaturverzeichnis

Grissemann, Hans (2000): *Zürcher Lesetest. Förderdiagnostik bei gestörtem Schriftspracherwerb: Lesekarten und Formular.* 6. Auflage. Bern: Huber.

Grissemann, Hans (2000): *Zürcher Lesetest. Förderdiagnostik bei gestörtem Schriftspracherwerb: Manual.* 6. Auflage. Bern: Huber.

Landerl, Karin; Wimmer, Heinz; Moser, Ewald (2006): *Salzburger Lese- und Rechtschreibtest. Verfahren zur Differrentialdiagnostik von Störungen des Lesens und Schreibens für die 1. Bis 4. Schulstufe: Manual.* 2. Auflage. Bern: Huber.

Landerl, Karin; Wimmer, Heinz; Moser, Ewald (2006): *Salzburger Lese- und Rechtschreibtest. Verfahren zur Differrentialdiagnostik von Störungen des Lesens und Schreibens für die 1. Bis 4. Schulstufe: Protokollblätter und Lesemappen.* 2. Auflage. Bern: Huber.

Lenhardt, Alexandra/Lenhardt, Wolfgang (2017): Diagnoseverfahren zur Erfassung schriftsprachlicher Leistungen. In: Philipp, Maik (Hrsg.): *Handbuch Schriftspracherwerb und weiterführendes Lesen und Schreiben.* Weinheim Basel: Beltz Juventa.

BEI GRIN MACHT SICH IHR WISSEN BEZAHLT

- Wir veröffentlichen Ihre Hausarbeit, Bachelor- und Masterarbeit

- Ihr eigenes eBook und Buch - weltweit in allen wichtigen Shops

- Verdienen Sie an jedem Verkauf

Jetzt bei www.GRIN.com hochladen und kostenlos publizieren